让孩子赢在沟通表达

李亚男◎著　书虫文化◎绘

北方妇女儿童出版社

·长春·

版权所有　　侵权必究

图书在版编目（CIP）数据

让孩子赢在沟通表达 / 李亚男著；书虫文化绘.
长春：北方妇女儿童出版社，2025. 1. -- ISBN 978-7
-5585-8985-0

Ⅰ. H0-49

中国国家版本馆 CIP 数据核字第 2025XG3514 号

让孩子赢在沟通表达
RANG HAIZI YING ZAI GOUTONG BIAODA

出 版 人	师晓晖
责任编辑	于德北
封面设计	书虫文化
开　　本	720mm×1000mm　1/16
印　　张	6
字　　数	100 千字
版　　次	2025 年 1 月第 1 版
印　　次	2025 年 1 月第 1 次印刷
印　　刷	三河市南阳印刷有限公司
出　　版	北方妇女儿童出版社
发　　行	北方妇女儿童出版社
地　　址	长春市福祉大路 5788 号
电　　话	总编办：0431-81629600

定　　价　　29.80 元

前　言

别让不会说话成为你的障碍

会提问的人才是聊天儿高手

幽默是一种奇妙的能力

在学校里如何与老师沟通交流

和爸爸妈妈意见不一致要合理表达

被人欺负了，怎么跟父母说

……

古希腊教育家苏格拉底曾说过："世间有一种能力可以使人很快完成伟业，并获得世人的认识，那就是令人喜悦的讲话能力。"

表达能力是这个时代非常重要的核心竞争力。会表达的孩子才会自信、敢说、有气场。高情商表达是一门学问，但它不是天生的本领，是可以通过后天培养的。

不论在生活中,还是在未来的职场中,我们都需要通过锻炼来提升表达能力。

在当今快节奏、智能时代的大环境下,儿童的社交表达力是帮助他们建立良好的人际关系,在社交场合中自信绽放的关键,也是孩子融入社会必备的基本技能之一,是孩子未来发展的基础。可以说,表达力直接关乎孩子的自信、快乐、成功!

全书通过设置孩子在学校、生活中可能遇到的各类沟通问题,帮助孩子学会高情商的表达技巧,在提升孩子逻辑思维能力的基础上,让孩子的语言更加规范、准确,同时提高应变能力,让孩子能够从容不迫地应对各种突发问题,时刻保持冷静清醒的头脑,最终实现与他人的有效沟通,全面提升表达力、自信力、社交力、领导力!

目 录

别让不会说话成为你的障碍……………………………………… 2

会提问的人才是聊天儿高手……………………………………… 5

获奖了，要怎样发表获奖感言…………………………………… 8

不要把分享喜悦变成炫耀和显摆………………………………… 11

懂得换位思考是最高级的表达思路……………………………… 14

学会把复杂的事情简单化………………………………………… 17

说话要分场合、懂分寸…………………………………………… 20

远离负能量，学会正面评价别人………………………………… 23

表达不满时，要运用理性的语言………………………………… 26

面对大人的评价，应该如何表达………………………………… 29

学会真诚地道歉，有效化解危机………………………………… 32

学会清晰地表达自己的意愿……………………………………… 35

学会使用电话沟通和询问………………………………………… 37

遇到突发事件时要把事情表述清楚……………………………… 41

如何礼貌地拒绝他人的推销……………………………………… 44

会说祝福语，学会表达爱………………………………………… 47

如何跟同学表达反对意见………………………………………… 50

家里来客人，要怎么表示欢迎…………………………………… 53

如何高情商化解尴尬处境………………………………………… 56

坦然面对，有礼有节地处理危机………………………………… 59

掌握生活最基本的表达方式……………………………………… 62

如何与爷爷奶奶沟通……………………………………………… 65

和爸爸妈妈意见不一致时，要合理表达………………………… 68

产生矛盾后，如何向爸爸妈妈承认错误………………………… 71

遇到不开心的事，该怎么向爸爸妈妈说………………………… 74

被人欺负了，该怎么跟爸爸妈妈说……………………………… 77

如何向爸爸妈妈表达自己的关心………………………………… 80

如何对爸爸妈妈提出自己的家庭建议…………………………… 82

总是被爸爸妈妈误会，要怎么解释呢…………………………… 85

没有履行承诺，该如何表达自己的歉意呢……………………… 88

学习上遇到困难时，要如何向爸爸妈妈求助呢………………… 91

别让不会说话成为你的障碍

你来上台发言……

东东一听说要上台讲话,就像遇到了洪水猛兽一样。

在台上,东东说话结结巴巴,逻辑非常混乱。

平时东东和同学有很多话讲,可是今天老师让他当着那么多同学的面正式讲话,他感觉大脑一片空白,表达得很不顺畅。为什么东东会出现这种情况呢?

战胜自我

没有人是天生就不怯场的,每个人都需要通过反复练习,才能做到自信上台。害怕或是逃避都是正常的反应,只要练习的次数多了,我们就可以克服紧张的情绪。

  好口才从这里开始

常见的沟通难题一：不自信、怯场，害怕在公开场合讲话。

不恰当的表达

东东，请你上台和大家分享学习数学的心得。

老师，我没准备好，还是不说了！

思维引导：如果总是害怕上台，就永远不会改变。

正确表达

东东，请你上台和大家分享学习数学的心得。

非常感谢老师给我发言的机会，我很愿意和大家分享我的学习经验和心得。我觉得在学习数学的过程中，首先要上课认真听讲，其次就是多做练习题。

东东讲得非常好。

思维引导：控制情绪，才能控制讲话内容。

应对技巧：多上台练习。

　　第一次上台确实会很紧张，恐惧心理可以在不断练习中逐渐被克服。想增强公开发言的自信心，多练习上台表达是最好的办法。另外，要不断告诉自己：说错了也没关系，多练习几次，我会越来越好的。

常见的沟通难题二：不自信，发言时语言表达混乱。

不恰当的表达

 东东，请你和大家分享学习语文的心得。

我……就是吧……哎呀，其实我也不知道怎么说……

思维引导：多争取发言的机会，多练、多实践才能表达顺畅。

正确表达

 东东，请你和大家分享学习语文的心得。

大家好！很高兴与大家分享我的学习经验！下面我就从以下几个角度说一说我的学习心得和方法。比如……

 东东讲话条理清晰，表达流畅，非常棒！

思维引导：发言之前要冷静下来，想好自己要表达什么，发言会更流畅。

应对技巧：控制好情绪，才能控制好语言。

上台讲话时，控制情绪比梳理语言更重要，当我们的情绪稳定时，语言表达也会更顺畅。想培养公开发言的自信心，就要学会控制情绪。

会提问的人才是聊天儿高手

晶晶大脑一片空白,一个问题也想不出。

这个问题可以问吗?会不会太幼稚?怎么提问才大方得体……

今天,学校请来了晶晶最喜欢的作家阿姨和大家面对面讨论交流。同学们都纷纷举手提问,和作家阿姨互动,现场氛围好极了。可晶晶却不知该如何通过提问的方式参与互动。

战胜自我

提问是一项重要的沟通技能,提问有助于我们更好地理解信息、解决问题和获取所需的信息。通过不断练习和反思,我们就可以逐渐提高自己的提问能力。

 好口才从这里开始

常见的沟通难题一：在采访交流中提出的问题都是封闭式的。

 不恰当的表达

 阿姨，您好，请问您喜欢阅读吗？

 喜欢！

 ……

思维引导：封闭式的问题只有固定的答案，常常会使交流陷入冷场的局面。

 正确表达

 阿姨，您好，请问您平时都喜欢阅读哪些书籍呢？

 我的阅读范围非常广泛，而且我发现随着年龄的变化，阅读的重点也会发生变化……

 我平时也很喜欢阅读。您能给我推荐几本书吗？

思维引导：恰当地提问可以得到我们想要得到的信息。

应对技巧：尝试提问开放性问题。

提问是有技巧的，问题问得好，可以帮助我们聚焦思考点，激发灵感，所以我们必须用心研究提问的内容，要筛选出具体的、本质的问题，避免提笼统、抽象的问题。

常见的沟通难题二：提问不是审讯，要注意态度与语气。

✗ 不恰当的表达

 您好！您凭什么认为要写出好文章就一定要坚持练笔？

这……

思维引导：提问不是审讯，质问往往会给人一种咄咄逼人的感觉。要对采访的对象予以尊重，同时注意提问时的态度和语气。

✓ 正确表达

 非常感谢阿姨与我们分享写作方面的宝贵经验。

不用客气。

 不过，我还有一个困惑，想请教您。请问，坚持练笔与写出好文章存在必然的关联吗？

这个问题问得非常好！我正想和同学们谈谈这个问题呢！

思维引导：自然和谐的氛围会收到令人意想不到的效果。

应对技巧：提问的方式很重要。

　　在采访交流中，不仅提问的内容重要，提问的方式同样很重要。在提出自己困惑的问题时，一定要礼貌地表示感谢或先肯定对方的观点，然后再提出或表达自己的困惑。

获奖了，要怎样发表获奖感言

获奖了，获奖感言应该怎么说呢？

时间这么仓促，该如何快速组织语言呢？

悦悦被学校评为朗读之星。这本来是一件开心的事情，可是老师让悦悦上台发表获奖感言，悦悦不知道获奖感言要怎么说才得体，这让她不知所措，陷入尴尬的场面。

战胜自我

要珍惜每一次登台机会，它可以锻炼我们的语言组织能力、语言和肢体表达能力，让我们的语言能力得到很大的提升。在一次次的上台过程中，我们将逐渐放下恐惧，提升自信心，学会淡定从容，并且发掘自己的潜力。

赢在口才 好口才从这里开始

常见的沟通难题一：不知道如何发表获奖感言。

不恰当的表达

 悦悦，请你发表一下获奖感言。

我为自己的优秀点赞，这个奖我当之无愧。我的努力终于被大家看见了，谢谢大家！

 这……

思维引导：不当的措辞和不谦虚的态度会让人反感。

正确表达

 悦悦，请你发表一下获奖感言。

能获得这个奖我感到非常荣幸，我此时非常激动！我要感谢老师和同学们，因为有了你们的支持和帮助，我才取得了这样的成绩。暂时的荣誉不会让我停下脚步，我会继续努力，争取获得更大的成功。

 非常感谢悦悦的发言！

思维引导：发表获奖感言时，措辞准确是基础。

应对技巧：完美的获奖感言＝心情＋感谢＋展望。

获奖是对过去的自己的肯定，在发表获奖感言时，我们可以先抒发自己此时此刻的心情，缓解紧张情绪；然后讲述自己曾经获得的帮助，可以用有趣或有意义的事件填充获奖感言；最后表达自己的收获和继续进步的决心。

常见的沟通难题二：临时发言，如何快速组织发言语言？

❌ 不恰当的表达

 悦悦，请你发表一下获奖感言。

我也不知道该说些什么，就这样吧，谢谢大家！

 悦悦，不用紧张，可以说一说你此时的心情。

老师，我……我真的不知道该说些什么！

思维引导：无话可说可能会造成尴尬的场面。

✅ 正确表达

 悦悦，请你发表一下获奖感言。

这真是令人兴奋的时刻，此时我的心脏还在扑通扑通跳个不停。

 获奖的确让人心情激动！

思维引导：把自己的心情表达出来，真情流露也可以成为一次很好的发言。

应对技巧：快速进行内容组合。

临时需要发言却毫无准备时，不用担心自己的发言不够流畅，可以从自己获奖的心情说起，也可以试着把要说的话分成几个部分，比如感谢的话、会怎么做、展望未来三个部分，然后把这几部分的内容填充起来。

不要把分享喜悦变成炫耀和显摆

宁宁这次数学考试没有考好，菲菲与宁宁分享自己取得好成绩的喜悦，却被宁宁误解成炫耀。

菲菲的数学成绩一直不理想，最近通过菲菲的努力，她的数学成绩有了显著的提高，菲菲非常高兴，想和好朋友宁宁分享自己的喜悦，却被宁宁误解。菲菲该如何分享自己的喜悦呢？

战胜自我

分享是朋友间相知相惜的默契，把自己的情绪与对方分享，那是对朋友的信任，但在表达时要注意措辞与分寸，这样才不会被误解为炫耀。

 好口才从这里开始

常见的沟通难题一：不知道如何跟朋友分享自己的喜悦。

 宁宁，我这次数学考试得了满分。全班只有我考了满分！

全班你最聪明！你是天才，行了吧！

 宁宁，你怎么这么说我！

思维引导：表达喜悦时要注意保持谦虚，得意忘形很容易让人感到反感。

 宁宁，我有一件特别开心的事情，第一个就想告诉你。我这次数学考试得了满分，虽然得一次满分算不上什么，但我真的很高兴！

恭喜你，菲菲，我们都看到了你的努力。

 宁宁，谢谢你的鼓励，我们一起加油！

思维引导：分享喜悦时语气要谦虚，减少自我吹嘘。

应对技巧：分享喜悦不是炫耀。

　　低情商的表达方式会让人感到心里不舒服。想让好朋友见证自己的进步，分享时语气要谦虚，考虑朋友的感受，而不是夸耀自己多么成功。

常见的沟通难题二：分享成功的经验时，表达不当就会变成自我炫耀，不利于人际交往。

不恰当的表达

羡慕吧？我可以跟你分享我的成功经验！

谁稀罕你的经验！

不识好人心，不理你了！

我也不想再理你了！

思维引导：与朋友分享自己的经验时，要谦虚诚恳。

正确表达

宁宁，这次考试我能取得不错的成绩，是因为我改变了学习方法。之前我是漫无目的、毫无规划地学，现在我制订了详细的学习计划，效果真的不错。你也可以试试这个学习方法，我们一起加油！

菲菲，谢谢你可以跟我分享你的学习方法，我也一定会努力加油的！

思维引导：分享自己的经验时，要真诚地鼓励对方，避免引起对方的嫉妒。

应对技巧：一起进步是分享的最高境界。

分享的最高境界是激励两个人共同进步：我有，希望你也有，是分享；我有，希望你没有，是炫耀。所以在分享自己的成功经验后，要激励朋友和自己一起努力，两个人一起取得更大的进步。

懂得换位思考是最高级的表达思路

丽丽的笔记本不见了，奇奇不理解丽丽的焦急心情。

平时不好好收着，肯定会丢。

奇奇不懂得站在他人的角度考虑问题，很容易伤害他人。

丽丽的笔记本不见了，同学们都在帮忙找寻，奇奇不但不帮忙，还在一旁说起了风凉话。如果是奇奇弄丢了自己重要的东西，丽丽这样说他，他会是什么心情呢？

战胜自我

会沟通的人是懂得换位思考的。换位思考不仅是一份己所不欲、勿施于人的体贴，更是一份将心比心、以心换心的善良。在生活中，我们常常会遇到不同观点、不同背景、不同经历的人，如果只是站在自己的角度看问题，很容易引起误会和冲突，而换位思考则可以更好地理解对方，找到共同点，建立和谐的人际关系，促进交流与合作。

 **赢在口才** 好口才从这里开始

常见的沟通难题一：不懂得换位思考，不会设身处地为他人考虑。

 **不恰当的表达**

 我的笔记本不见了！

谁让你那么粗心，丢了也活该。

 你不应该这么说话！

你这么说话丽丽会更难过的。

思维引导：只站在自己的角度思考问题，会引起他人的反感，不利于人际关系的和谐发展。

 **正确表达**

 我的笔记本不见了！

你先想想可能放在哪里了？会不会在家里？

 我想想。

思维引导：说话之前考虑别人的处境，更容易引起情感的共鸣，会让自己更受欢迎和得到认可。

应对技巧：懂得换位思考的人更受欢迎。

我们要学会换位思考，如果是自己丢了东西会是什么心情，会希望听到什么话呢？要是自己不想在这个时候还被指责，就不要去指责别人。

常见的沟通难题二：不理解、不考虑对方内心的真实需求，不能提供切实的帮助。

 我的笔记本不见了！

谁让你那么不小心，估计找不到了！

 那个笔记本中记了很多重要的东西，该怎么办呢？呜呜……

奇奇，你不但不帮忙找，还说风凉话！

思维引导：在朋友遇到困难时，我们应该帮忙想办法，而不是落井下石，让朋友更难过。

 我的笔记本不见了！

别着急，我们帮你一起找，肯定能找到的。

 谢谢你，奇奇。

思维引导：当别人不开心的时候，我们要多说些暖心的话。

应对技巧：多说暖心的话语更有意义。

　　丢了东西本来心情就不好，这时候应该多说些暖心的话，这样可以安抚他人焦急的心情，让他人感到温暖。

学会把复杂的事情简单化

露露想问路,却说不明白,让人越听越糊涂。

露露只是想问路,却说了一堆无关紧要的事情,导致对方无法帮助她。露露该怎么清晰地表达自己的需求呢?

战胜自我

说话啰唆、没重点、没逻辑、表达混乱,这样的沟通无法使对方明白你的真正意图。所以在表达前需要区分"轻重缓急",了解事情的紧急程度,才能正确地表达出事情的轻重缓急。

 好口才从这里开始

常见的沟通难题一：说话没有重点，条理不清晰。

不恰当的表达

阿姨，您好，请问公交车站怎么走哇？我要坐哪趟车呢？还有书店在哪里呀？

小朋友，你先告诉我你要去哪里？

我要去公交车站，还要去书店。

小朋友，你不说明白要去哪个书店，我没有办法帮助你。

思维引导：把复杂的问题不分先后地全部说出来，会让人越听越糊涂。

正确表达

阿姨，您好，请问这里最大的书店在哪里？需要坐哪趟车？公交车站在哪里？

小朋友，距离这不远的地方有一家规模很大的书店……

思维引导：抓住重点，厘清自己想问的信息。

应对技巧：厘清问题之间的关系。

　　表达要重点突出、层次清晰，厘清应该先做什么、后做什么，询问时自然会清晰明了，使人一听就明白。

常见的沟通难题二：信息表述不完整，遗漏要点。

不恰当的表达

阿姨，您好，我想去公交车站。

小朋友，这里有好几个公交车站，你要去哪个公交车站呢？

我主要是想坐车去书店。

很多公交车站都途经书店，你去哪个书店？

思维引导：表达不完整，遗漏要点。

正确表达

阿姨，您好，请问去最大的书店应该坐哪趟车？公交车站在哪里？

小朋友，应该坐21路，从这里一直走，大约300米就到车站了！

谢谢您！

思维引导：表述要简练，并且不遗漏重要信息。

应对技巧：表述要完整，不要遗漏重要信息。

表述时要做到简洁且完整。简洁的表达可以最大限度地节省时间，让他人清楚地了解你所需要的信息。

说话要分场合、懂分寸

"阿姨，你看起来好胖啊！"婚宴上，园园的话让新娘和在场的人感到非常尴尬。

"阿姨，把你的平板电脑给我看看呗，反正你也没用！"园园的话让邻座阿姨感到很尴尬。

不应该是"童言无忌"吗？园园认为自己还小，所以想到什么就说什么，看到什么就说什么。没想到这种不分场合、没有分寸感的说话方式给别人造成了困扰。

战胜自我

在生活中，不注重场合和分寸，口无遮拦地说出一些让人感到尴尬的话，很容易对别人造成伤害。其实这种做法是没有礼貌的行为，是情商低的表现，所以提高语言的分寸感十分重要。

赢在口才  好口才从这里开始

常见的沟通难题一：认为自己还小，可以说话没有分寸。

园园越来越漂亮了！

阿姨，好久不见，您怎么越来越胖了？

这……

阿姨，您真的需要减肥了！

思维引导：说话要注意分寸，不在众人面前揭人短。

园园越来越漂亮了！

谢谢阿姨的夸奖，祝您新婚快乐，幸福美满！您今天看起来美极了！

园园真是越来越会说话了。

思维引导：说话注意场合和分寸，在公共场合要注意自己的言行举止，要表现得大方得体。

应对技巧：说话做事有涵养，掌控好人际交往的"度"。

　　分寸感是成熟和有教养的标志之一。注意场合和分寸感是对彼此的宽容和尊重。要想把握好分寸感，必须认清自己的角色，不搬弄是非，不揭人短，不妒人强。

常见的沟通难题二：向陌生人请求帮助时不懂礼貌，没有分寸，引人反感。

 阿姨，你的平板电脑闲着不用，借我看看呗！

不好意思，我一会儿还要用。

 真小气。

思维引导：跟陌生人交流时，要学会使用敬语，懂礼貌。要注意场合，说话要有分寸，如果陌生人答应你的请求，要表达感谢，不答应时，也不要恼羞成怒，说伤人的话。

 阿姨，您好，请问我可以借用一下您的平板电脑吗？

不好意思，我一会儿还要用。

 阿姨，那我就不打扰您啦！

思维引导：当请求遭到拒绝时，要学会适可而止，不要因为愿望没达成就有情绪，避免因情绪化攻击他人。

应对技巧：知分寸，与人为善。

与陌生人交流或请求帮助时，要有一定的分寸感，学会尊重他人，这样才能给人留下良好的印象。

远离负能量，学会正面评价别人

篮球比赛结束后，军军埋怨阳阳没有做好。

军军认为如果不是阳阳没投进球，他们班就能得第一了。军军觉得自己只是说了阳阳一句，阳阳不应该不高兴。

战胜自我

说话是一门艺术，当我们评价他人时，要讲究说话技巧，不伤害他人。我们要学会换位思考，注意时间、场合等问题，考虑他人的心情，以帮助他人为目的，委婉地提出建议。

常见的沟通难题一：充满负能量，不会正面评价他人。

 要不是阳阳没投中，我们班就得第一了！

好，都是我的错，我向全班道歉。

 本来就是你造成的！

以后我不参加比赛了。

思维引导：不恰当的表达方式会给他人造成心灵上的伤害。

 阳阳，你已经尽力了，别气馁，你已经做得很好了。

谢谢你军军，我们一起加油！

 对，一起加油！

思维引导：积极的安慰与鼓励会给人带来充满正能量的情绪。

应对技巧：少做负面的指责，多给正面的评价。

　　一个人在失败时，更需要他人用正面的评价去安慰和鼓励自己。正面的评价能传递积极的情绪，会让同学、朋友之间的关系更加和谐融洽。

常见的沟通难题二：不懂得如何委婉地给他人提建议。

不恰当的表达

 平时总说自己有多厉害，这回怎么没投中呢？

是，都是我吹牛，我本来就不行，以后我再也不参加比赛了！

 看来真的是吹牛。

你……

思维引导：负面的评价与指责只会让人更加难过和气馁。

 **正确表达**

 阳阳，你是全场表现最突出的，只是最后过于紧张了，我相信下次我们一定会取得好成绩的。

感谢你们的信任，我一定不会辜负你们的期望，我会更加努力拼搏，调整好自己的心态。

 好，我们一起加油！

思维引导：传递正面的价值观能给他人带来无穷的能量。

应对技巧：学会"实话巧说"的技巧。

当我们给他人提建议时，要照顾别人的心情，评价他人的同时委婉地提出建议，这样不仅可以帮助他人，自己也可以收获友谊。

表达不满时，要运用理性的语言

田田心爱的钢笔被好朋友晓晓弄坏了。

田田很难过，也很气愤，可是她却不知道此时该如何表达自己的情绪。

晓晓把田田获奖得来的钢笔弄坏了，田田心疼极了，可晓晓却连声道歉都不说，田田该怎么做呢？她能真实地表达自己的情绪吗？

战胜自我

当我们面对挑衅或不愉快的情况时，应该尽量克制自己的坏情绪，采用更文明和礼貌的方式来表达不满。另外，我们表达不满的情绪是为了让别人更清楚你的原则，从而有效解决问题。

赢在口才 好口才从这里开始

常见的沟通难题一：不懂得如何理智地表达自己的不满。

不恰当的表达

晓晓，你把我获奖得的钢笔弄坏了，还不道歉！我看你就是嫉妒我，故意弄坏我的钢笔，以后我们再也不是好朋友了！

你怎么这么说我？不是朋友就不是朋友，以后我们断交！

断交就断交！

思维引导：冲动、不理智、口不择言只会让情况变得更糟糕，所以在表达不满时不要把话说得太绝，要留有挽回的余地。

正确表达

好可惜呀，这是一支有纪念意义的钢笔。不过，我知道你应该不是有意的。我们难免会有不小心的时候，无心之过可以被原谅。

田田，谢谢你的原谅，是我太不小心了，对不起。

思维引导：委婉理智地表达不满的情绪不仅可以表述自己难过的心情，同时又可以给同学一个"台阶"下，能有效避免冲突。

应对技巧：学会有效地表达不满的情绪。

当我们对一件事不满时，会产生愤怒的情绪，不理智的表达方式会带来严重的后果，不利于问题的有效解决。反之，有效地表达不满情绪，不仅可以让我们在人际交往中游刃有余，同时也能维护自己的权益。

常见的沟通难题二：不敢也不会合理表达自己的真实情绪。

不恰当的表达

晓晓，你好像把我的笔弄坏了！

不就是一支笔嘛，小气鬼！我们还是不是朋友了？

嗯，那好吧！我们还是好朋友。

看你表现吧！

思维引导：你的讨好型人格和忍耐只会换来朋友更离谱儿的对待。

正确表达

晓晓，我的笔坏掉了，好可惜呀，这是一支有纪念意义的笔。我知道你一定不是故意的，不过，我希望你以后要尊重和爱护我的东西。

对不起，田田，我的确是太不小心了，以后我会注意的。

思维引导：直接表明自己的态度或提出解决问题的方案，学会合理地表达自己的情绪。

应对技巧：朋友间的不满情绪要及时表达。

朋友间有不满情绪时，一定要及时表达。别人对你的尊重和喜欢来自你的人格魅力，不会因为你的过分忍让而对你增加好感。合理地表达情绪会让自己拥有更舒服的友谊。

面对大人的评价，应该如何表达

面对李阿姨的夸奖，童童有些不知所措。

妈妈在张阿姨面前说童童学习不努力，童童觉得尴尬极了。

为什么大人总是喜欢夸奖别人家的孩子，而贬低自己家的孩子呢？面对他们的夸奖和贬低，童童该怎么表达呢？

战胜自我

有时我们会经历来自父母和老师的打击，他们认为只有经受住挫折和羞辱才能变得坚强，但真正使人变坚强的，是爱。面对父母的打击，我们要理性看待，在反思自己、理解父母的前提下，恰当表达自己的感受。

赢在口才 好口才从这里开始

常见的沟通难题一：当他人在爸爸妈妈面前夸奖自己时，不知道该怎么应对。

 童童真是太聪明了，不像我家孩子，真叫人头疼。

那当然了，我们老师经常表扬我，阿姨家的弟弟一看就不听话，学习肯定不好。

思维引导：别人说自己家孩子的缺点时，也许只是一种客套和谦虚，不要跟着附和。

 童童真是太聪明了，不像我家孩子，真叫人头疼。

谢谢阿姨的夸奖，我哪儿有那么优秀哇！阿姨家的弟弟一看就很聪明，只是现在年龄还小而已。

 童童懂礼貌又会说话，真是个高情商的好孩子。

思维引导：人无完人，要理性地面对他人的夸奖。

应对技巧：要谦虚地面对他人的夸奖。

面对别人的夸奖，要谦虚礼貌地表示感谢。当对方把自己的孩子与我们对比时，我们一定不要跟着一起贬低他人，每个人都有自己的优点，要适当地赞美对方的小孩儿。

常见的沟通难题二：当爸爸妈妈在他人面前贬低自己时，不知道要怎么应对。

不恰当的表达 ✗

妈妈，您为什么总在别人面前贬低我？

哦，这……

您知不知道您这么做是不对的，一点儿都不尊重我！

是妈妈不对！

思维引导：直接质问会让场面变得十分尴尬。

正确表达 ✓

妈妈，我不喜欢您在别人面前贬低我，这会伤害我的自尊心的！您有什么想法可以直接和我说，我愿意听取您的意见和建议。

哦，好的，以后妈妈一定注意。

谢谢妈妈！

思维引导：不喜欢爸爸妈妈在别人面前贬低自己，就要在事后告诉他们自己的真实感受。

应对技巧：面对贬低，要理性回复。

当听到爸爸妈妈在别人面前"吐槽"我们，我们可以在事后告诉他们自己的真实感受，并对他们提出自己合理的请求。

学会真诚地道歉，有效化解危机

东东和飞飞一边看电影，一边说话，打扰了身边的人，受到了他人的指责。

面对他人的指责，东东和飞飞不懂得应该如何有效沟通。

电影院也不是你家开的！

东东和飞飞一边看电影，一边情不自禁地讨论电影情节。他俩的行为严重影响了别人，面对他人的指责，东东和飞飞不知道该怎样沟通才能化解尴尬和危机。

战胜自我

做错事时，我们要有承担责任的诚心和勇气。道歉不仅不丢脸，反而更能体现一个人的良好品格和修养。

 **赢在口才** 好口才从这里开始

常见的沟通难题一：冒犯他人后不懂得如何沟通。

 不恰当的表达

 小朋友，你们这么大声说话，别人还怎么看电影啊？

电影院也不是你家开的，嫌吵你可以出去呀！

 你这孩子怎么这么说话？

我们想说就说，要你管！

思维引导：冒犯他人后，我们首先要承认自己的错误，蛮横无礼的语言只会激化矛盾与冲突。

 正确表达

 小朋友，你们这么大声说话，别人还怎么看电影啊？

对不起，阿姨，打扰您了，我们会注意的。

 行，注意点儿就行。

思维引导：别人表达不满后，我们应及时表达歉意，表示自己并非有意的。

应对技巧：冒犯他人后要第一时间进行道歉。

在公共场合冒犯了别人，首先要做的是诚恳地道歉，一般可以采用最基本的"对不起"这种正面的表达方式。

常见的沟通难题二：不知道如何道歉才能体现出诚意。

 小朋友，你们这么大声说话，别人还怎么看电影啊？

对不起，行了吧？我们又不是故意的！

思维引导：没有诚意的道歉就是无效的道歉。

 小朋友，你们这么大声说话，别人还怎么看电影啊？

对不起，阿姨，我们不是故意的，情节太精彩了，我们不自觉地就讨论起来了。

 是挺精彩的，但你们可以小点儿声或者等电影结束后再讨论。

好的，阿姨，我们不再大声讨论了。

思维引导：诚恳的道歉并提出解决方案才是正确的致歉方式。

应对技巧：道歉时，要让对方感受到你的诚恳态度。

当我们做错事情，或者无意冒犯到别人时，要怎样表达才能取得对方的原谅呢？有效的方式就是让对方感受到你的诚意，首先要承认错误，同时要说明具体的弥补措施等。

学会清晰地表达自己的意愿

乐乐和飞飞邀请军军一起踢足球,可是军军想去打篮球。

军军害怕破坏友谊,不敢说出自己的真实想法。

军军怕乐乐和飞飞不高兴,说话吞吞吐吐的,这反而让乐乐和飞飞误会军军不愿意和他们一起玩儿。

 战胜自我

在生活中,我们常常因为害怕破坏自己和朋友之间的友谊,不能清晰地表达自己的真实想法,其实真正的友谊容得下不同的意见,不应该遮掩自己的真实想法和情感,只有这样,才能达到更深层次的交流和理解。

赢在口才  好口才从这里开始

常见的沟通难题:害怕破坏友情,不敢表达自己的真实想法。

 军军,我们一起去踢足球吧!

嗯,这……我也不知道去不去……

 哎呀,说话吞吞吐吐的,我看你根本不想和我们一起玩儿!

不是,不是这样的……

思维引导:说话模棱两可、表达不清晰,别人无法知道你的真实想法。

 军军,我们一起去踢足球吧!

我更喜欢打篮球。你们如果愿意的话,咱们一起打篮球吧!

 好的,我们今天先和你打篮球。

思维引导:不要害怕意见不同,要对好朋友说出真实的想法。

应对技巧:要勇敢地表达自己的真实想法。

如果我们想要建立良好的人际关系和解决问题,就要学会勇敢地表达自己的意见和想法,而不是一味地回避和保持沉默。

学会使用电话沟通和询问

月月很想念奶奶,可是在电话中,月月却不知道怎么和奶奶聊天儿。

月月不懂接打电话的礼仪。

月月很久没有见到奶奶了。一天,奶奶给月月打来电话。虽然月月很想奶奶,可是拿起电话,月月却不知道该说些什么。

李叔叔打电话找爸爸,月月不懂接打电话的礼仪,给人留下了不礼貌的印象。

战胜自我

打电话是我们日常生活中不可或缺的一部分,是与远距离的人沟通情感的桥梁。掌握接打电话的礼仪和常识,不仅能让沟通更加顺畅,还能给人留下良好印象。

 好口才从这里开始

常见的沟通难题一：不懂得如何利用电话沟通情感。

 不恰当的表达

 月月呀，最近怎么样啊？

 还行奶奶，您还有什么事情吗？没有的话我就去写作业了。

 月月，你想没想奶奶呀？

 想了！

思维引导：接打电话时不知道如何回应对方，语气生硬。

 正确表达

 月月呀，最近怎么样啊？

 奶奶，我一切都好。好久没听到您的声音了，我很想您，您最近好吗？

 我最近很好，就是有些想月月了……

思维引导：电话沟通时，要积极回应对方，以表示对对方的尊重。

应对技巧：与长辈电话沟通时，可以聊些生活中的趣事。

积极回应长辈的关心、描述自己的近况，可以从衣、食、住、行等方面展开话题，也可以表达自己的想念之情，还可以分享最近遇到的新鲜、有趣的事物等。

常见的沟通难题二：不懂得接打电话的礼仪，不知道如何回应对方。

不恰当的表达

喂，你是谁呀？

你好，你是月月吧？我是你爸爸的同事。

同事？不认识，你有什么事？

月月，你爸爸在家吗？

我爸爸不在。

那你……

再见！

唉！真是个毛躁的孩子！

思维引导：不懂得接打电话的礼仪，接电话时没有礼貌地问好，没等对方说完话就匆匆地挂断电话，这些都是没有礼貌的行为，会给人留下没有礼貌的印象。

正确表达

 喂，您好，请问您是哪位？

 你好，你是月月吧？我是你爸爸的同事。

 叔叔，您好，我是月月，请问您有什么事吗？

 月月，你爸爸在家吗？

 我爸爸不在家。叔叔，您可以留下您的电话号码，等爸爸回来我转告他，让他给您回电话。

 谢谢月月，没有什么急事，那我晚些时候再打吧！再见，月月！

 好的，叔叔再见！

思维引导：接打电话要有礼貌，语言规范准确，表述清晰，积极地回应对方。

应对技巧：学会接打电话的礼仪与技巧。

接打电话时要使用礼貌用语，如"您好""请问""谢谢""再见"等。电话沟通时要先倾听，再表述，道别之后再挂电话。接电话时，要听清对方想要表达的主要内容；打电话时，要把自己的意图表达清晰。一般由打电话的一方提出结束电话交谈。

遇到突发事件时要把事情表述清楚

丽丽的头摔破了,晶晶急忙去找老师。

遇到突发事件,晶晶急得不会讲话。

丽丽在操场上摔了一跤,额头磕破流血了。丽丽疼得哇哇大哭起来。同学们都害怕极了,晶晶急忙去找老师。可是,到了老师那儿,晶晶说了半天也没把事情讲清楚。

战胜自我

学会寻求帮助时的语言表达是我们成长过程中非常重要的一项沟通技能,即在寻求帮助的过程中,我们要学会清晰、简洁、礼貌地进行表达,这样才能让自己以及身边的亲人、朋友得到及时的救援和帮助。

赢在口才  好口才从这里开始

常见的沟通难题一：遇到危险情况时表达混乱，条理不清晰。

不恰当的表达

 老师，丽丽流血了！

丽丽怎么了，出了什么事？

 我们吓坏了，丽丽疼得哇哇大哭。

丽丽哪里受伤了，她现在在哪里呀？

思维引导：向他人寻求帮助时，如果想到哪里说哪里、表达不清晰，就无法让人了解清楚状况。

正确表达

 老师，我们刚才在操场上玩儿的时候，丽丽不小心摔倒了，额头磕破流血了。

好的，晶晶，我现去就去，你去联系医务室老师。

思维引导：简单扼要地讲述事件的起因、发生的地点和结果。

应对技巧：描述情况时，表述要有逻辑。

在遇到突发事件时，我们常常由于慌乱导致说话前言不搭后语，缺乏逻辑性。所以在遇到突发事件时，我们要保持冷静，讲述事件时要有逻辑，让人听得明白。

常见的沟通难题二：遇到危险情况时，表达没有中心，重点不突出。

 老师，丽丽哭了。

丽丽怎么了？

 下课时，我和丽丽准备一起下楼玩儿……

到底发生什么事情了？

思维引导：遇到突发事情求助时，一定要抓住重点，不要说无关的话。

 老师，丽丽在操场上玩儿的时候不小心摔倒了，额头磕破流血了。

好的，你赶紧去找医务室老师，我现在去看丽丽。

 好的，老师，我马上去找医务室老师。

思维引导：讲话要突出重点，让人了解事件的紧迫性。

应对技巧：保持沉着冷静，讲述时突出重点。

遇到突发事件时，一定要保持沉着冷静。在向他人求助时，要突出问题的关键，抓住问题的重点，让人们能够及时了解事态的紧急程度。

如何礼貌地拒绝他人的推销

面对店老板的热情推销,慧慧不好意思拒绝。

慧慧不知道拒绝店老板时应该说些什么。

慧慧来文具店买文具,刚一进店,店老板就热情地推销起货品来。慧慧不好意思拒绝,可是老板却越说越来劲,慧慧真的不知道这时候应该怎么办。

战胜自我

在生活中,面对他人的推销,我们常常会因为不好意思拒绝而买了很多不需要的东西,所以,在尊重他人的前提下,学会不失礼貌地拒绝非常重要。

 好口才从这里开始

常见的沟通难题一：面对推销，含糊其词，不好意思拒绝。

 小朋友，我们这里有新到的笔记本，你看看这几款怎么样？

哦！行，好的。

 你看这款，这款是最好的。

这……那个……

思维引导：如果不想购买，应该大胆地说出自己的真实想法。

 小朋友，我们这里有新到的笔记本，你看看这几款怎么样？

看起来确实不错，不过我已经有很多笔记本了，暂时不需要了。

 好的，需要的时候我再给你介绍。

思维引导：如果不想购买，可以委婉地拒绝。

应对技巧：态度明确，委婉拒绝。

　　如果不需要购买，我们态度要明确，不要害怕拒绝，拒绝时言辞要委婉。

常见的沟通难题二：面对推销，拒绝时表达不当，使双方陷入僵局。

 小朋友，我们这里有新到的笔记本，你看看这几款怎么样？

我不需要，不需要！

 人不大，脾气还不小！

啰里啰唆，烦死了！

思维引导：拒绝他人推销时态度要友好。

 小朋友，我们这里有新到的笔记本，你看看这几款怎么样？

这几款我都买过了，用完了我再来买。

 好的。

思维引导：拒绝他人推销时语气要温和。

应对技巧：尊重他人工作，拒绝时的语气要温和。

　　本着尊重他人工作的原则，拒绝对方时语气要温和而坚定，用词不要过于生硬，拒绝时可以适当说出拒绝的理由。

会说祝福语，学会表达爱

在奶奶的寿宴上，丁丁不知道如何说祝寿词。

新年去姑姑家串门，该如何给姑姑一家拜年呢？

祝福是一种力量，丁丁希望把祝福送给每个人。奶奶的生日宴上、新春去给姑姑一家拜年时，丁丁要如何表达祝福呢？

战胜自我

学会恰当地使用祝福语，为亲朋好友送去祝福，不但可以帮助我们更自如地与亲朋好友沟通，加深彼此之间的了解，还能够帮助我们建立自信。

常见的沟通难题一：不懂得如何得体地给长辈祝寿。

 丁丁，快去给奶奶祝寿。

恭喜奶奶又长大了一岁！

 丁丁，奶奶是长辈，你的祝福语不太合适哟！

不都是过生日嘛，有什么区别吗？

思维引导：在说祝福语时要注意辈分，"长大一岁"一般是用来祝福小朋友的。

 丁丁，快去给奶奶祝寿。

奶奶，看到您健健康康的，我真是太开心了。今天是您的八十大寿，祝您福如东海长流水，寿比南山不老松，同时也祝在座的各位长辈幸福安康！

思维引导：在生日宴或者聚会上，除了祝福寿星，我们还可以祝福在座的长辈。

应对技巧：自然地引入祝寿语，表达自己真诚的祝福。

祝寿前先寒暄一下，再自然地引入祝寿语，寒暄内容可以是对长辈精神或身体状态的赞美。

常见的沟通难题二：如何表达新春祝福？

不恰当的表达

 丁丁，快给姑姑和姑父拜年，送上新春的祝福！

我们经常见面，干吗要说这些客套话？

 新春拜年送祝福语是我们的传统习俗，不能丢。

思维引导：在春节期间，人们会互相表达新年祝福，这不仅是礼节和传统，更是一种精神上的支持和鼓励。

正确表达

 丁丁，快给姑姑和姑父拜年，送上新春的祝福！

祝姑姑越来越美丽，心想事成，万事胜意！祝姑父身体健康，事业顺利，万事如意！

 哈哈……也祝丁丁新年快乐，学习进步！

 谢谢丁丁！

思维引导：新春祝福语可以祝福工作、祝福家庭等。

应对技巧：传递温暖和关怀。

春节是我们中华民族的传统节日之一，也是家庭团聚、传承礼仪的大好时机。在这个喜庆的日子里，一句温暖人心的祝福语能让亲朋好友感受到你的真诚和关怀。

如何跟同学表达反对意见

菲菲和东东的意见不同。

菲菲和东东都不知道该如何恰当地表达真实的想法。

东东想去游乐场玩儿,菲菲想去电影院看电影,他俩意见不统一。菲菲想让东东和她一起看电影,东东想去游乐场。菲菲和东东都不是有意针对对方的,他们只是不知道该如何表达自己的反对意见。

战胜自我

生活中,我们经常会遇到和自己意见不同的人,在表达自己的不同观点时,切记要对事不对人。不要伤害对方的感情,或者引起不必要的争执,要在尊重他人的前提下表达自己的观点。

 赢在口才　好口才从这里开始

常见的沟通难题一：如果在表达反对意见时言词不当，就会激怒对方。

不恰当的表达

 明天我们去游乐场吧！

游乐场有什么好玩儿的，又不是小宝宝，谁还喜欢那些幼稚的东西，不如去电影院看那部老师推荐的电影。

 你才是小宝宝呢，你不去我自己去。

不看电影，看老师怎么批评你。

思维引导：不正确地表达意见容易对他人造成伤害，变成"人身攻击"。

正确表达

 明天我们去游乐场吧！

老师推荐的那部电影咱们还没有看，不如先去看电影怎么样？

 有道理，先看电影，有时间再去游乐场。

思维引导：表达反对意见时，一定要"对事不对人"。

应对技巧：提反对意见要"对事不对人"。

如果言词不当就可能伤害他人。所以，我们在提意见的时候，不要把事等同于人，反对的是事情而不是人，更不要指责和嘲笑对方。

常见的沟通难题二：不懂得如何恰当地表达反对意见。

 明天我们去游乐场吧！

我可不去，我要去电影院看电影！

 不去就不去，我自己去！

思维引导：只顾表达自己的想法，不顾及别人的感受与想法。

 明天我们去游乐场吧！

游乐场也挺好玩儿的，但老师推荐的那部电影咱们还没有看，再不看就来不及了，不如我们先去看电影怎么样？

 好的，时间的确很紧，我们先去看电影吧！

思维引导：别人的建议被反对，或多或少都会觉得不开心，所以为了照顾他人的情绪，可以先肯定他的想法。

应对技巧：先正面肯定对方，再说出自己的理由和建议。

为缓和他人的情绪，在提反对意见时，最好先正面肯定他人的意见，然后再说说自己反对的理由以及其他选择，这样才会更容易让人接受。

家里来客人，要怎么表示欢迎

李阿姨来家里做客，晶晶认为李阿姨是妈妈的客人，所以在房间里不愿出来。

晶晶不知道该如何与李阿姨进行交流。

每次家里来了客人，看到爸爸妈妈忙里忙外，给客人端茶递水果，晶晶都不知道该说些什么、做些什么。

战胜自我

得体地接待客人有利于我们交际能力的提升。家里来客人时，我们要表现得礼貌、友好，要具备主人应该有的待客之道，热情周到，彬彬有礼，让客人感到舒适和愉快。

常见的沟通难题一：家里来了客人，认为与自己无关。

 晶晶，快来和李阿姨打个招呼！

妈妈，我正忙着呢。

 你这孩子怎么这么不懂礼貌！

思维引导：家里来了客人，不打招呼是一种非常不礼貌的行为。

 晶晶，快来和李阿姨打个招呼！

李阿姨好，欢迎您来我家里做客。

 你好，晶晶，真是个懂礼貌的孩子。

思维引导：家里来客人时要热情问好，表示欢迎。

应对技巧：热情主动地和客人打招呼。

　　家庭是一个整体，每一位来访的客人都是全家人的客人，要热情主动地招呼来访的客人。

常见的沟通难题二：不知道如何与客人进行交流。

不恰当的表达

 你就是晶晶啊，好可爱呀！

我，阿姨，你……

 哈哈……第一次见面吓着孩子了。

嗯！哦！不是！我……

思维引导：面对初次见面的客人，紧张是正常的，不要因此产生太大的压力。

正确表达

 你就是晶晶啊，好可爱呀！

我是晶晶。阿姨，您好漂亮。抱歉阿姨，第一次见面我有些害羞。

 没关系的，你已经很棒了！

思维引导：坦诚自己的个性，让客人理解自己。

应对技巧：招待客人要礼貌热情。

　　见到陌生客人紧张是正常的，只要我们礼貌热情，客人是能感受到我们的诚意的。在接待客人时，我们可以找话题陪客人聊聊天儿，为客人倒水、端水果等。日常生活中，我们要多学习一些待人接物的礼仪。

如何高情商化解尴尬处境

参加聚会时,当被问到涉及个人隐私的问题时,童童不知该如何回答。

不想当众跳舞,童童有拒绝的权利吗?

每次参加大人们的聚会,童童都会被问到成绩,大人还会要求她展示各种才艺,真是让人尴尬极了。童童该如何化解呢?

战胜自我

在生活中,我们难免会遇到一些无法回避的尴尬场面,保持微笑和优雅高情商的回应技巧就显得十分重要。每个人都有自己的生活节奏和选择,不必过于在意他人的眼光,要学会从容地面对。

 好口才从这里开始

常见的沟通难题一：如何高情商回答涉及个人隐私的问题？

不恰当的表达

童童，期末考试得了多少分哪？

一见面就问成绩，好烦！

这孩子……

思维引导：和长辈对话时，抱怨、敷衍的方式都不可取。

正确表达

童童，期末考试得了多少分哪？

谢谢阿姨这么关心我的学习，期末考试我有了很大的进步，今后我也会继续努力，争取取得更好的成绩。

真是个努力上进的好孩子！

思维引导：这样回答既巧妙地回避了分数问题，又礼貌得体。

应对技巧：委婉的回答方式可以化解尴尬。

面对涉及自己隐私的问题，我们可以在感谢对方关心的基础上，采取委婉、避免直接回答的方式予以回应。

常见的沟通难题二：如何巧妙地拒绝对方的盛情邀请？

 童童，听说你跳舞跳得很好，给大家表演一个吧。

我才不要！哥哥姐姐们为什么不表演？

 这孩子太害羞了。

思维引导：过于直接地拒绝会显得没有礼貌。

 童童，听说你跳舞跳得很好，给大家表演一个吧。

谢谢阿姨的肯定，不过我更擅长朗诵，今天我给大家朗诵一首诗歌吧！

 好哇，我们很想听呢！

思维引导：首先要感谢对方的邀请，然后可以提出自己更擅长的领域进行展示。

应对技巧：委婉拒绝或选择更擅长的领域进行展示。

对于对方的盛情邀请，首先要表示感谢，然后再表明自己想用更擅长的领域来展示自己。如果不愿意展示，我们也无须勉强，不要有心理压力，委婉拒绝即可。

坦然面对，有礼有节地处理危机

露露骑车不小心撞到了小朋友。

露露很害怕，就推卸责任说是小朋友自己不小心才被车撞到的。

商场里，露露失手打碎了小镜子。

露露很紧张，她不知道该如何解释和协商。

露露犯错了，她应该逃避吗？露露该怎么面对和处理突发事件和危机呢？

战胜自我

我们在犯错的时候，通常会感到羞愧、不安，急着为自己辩解，这非常不利于我们自身的成长，也不利于人际关系的发展。

 好口才从这里开始

常见的沟通难题一：不小心撞到别人，不知道该如何沟通解决问题。

 你是怎么骑车的，看不到有人吗？

明明是他不躲车自己撞上来的！

 撞人还有理了，你的家长在哪？

本来就不怪我嘛！

思维引导：剐碰到他人，不但不道歉，还把全部责任推到别人身上，这样只能让矛盾加剧。

 你是怎么骑车的，看不到有人吗？

真对不起，弟弟没事吧？我让爸爸妈妈带他去医院检查一下吧。

 不用了，以后骑车要小心。

思维引导：要勇敢承认错误，主动道歉。

应对技巧：明事理，争取协商解决。

犯错时要勇敢承担责任，不要回避自己的错误，如果情况比较严重，我们应该主动联系家长，争取协商解决。

常见的沟通难题二：损坏公共场所的物品后，我们该如何沟通处理？

不恰当的表达

 小朋友，镜子是你打碎的吗？

不是我，是镜子自己掉下来的。

 明明是你打碎的，还不承认！

不是我，就不是我！

思维引导：要勇于承担过错，不要一味地逃避责任。

正确表达

 小朋友，镜子是你打碎的吗？

对不起，镜子是我没拿住掉到地上打碎的，我会赔偿的。

 不用赔偿，下次小心就行了！

思维引导：勇于承担责任，并赔偿损失。

应对技巧：诚恳道歉，积极赔偿。

不管在什么情况下，犯了错误都要勇敢承认，并发自内心地表示歉意，而不是找借口推脱责任。

掌握生活最基本的表达方式

在买东西时,图图表述不清晰,售货员没办法帮到他。

图图刚刚买的学习机有质量问题,他很生气,去找店员理论。

爸爸妈妈说孩子长大了,可以独立处理一些事情了,可是图图第一次独自购物就遇到了难题。图图该如何表达才能购买到适合自己的物品?如何表达才能把有质量问题的商品退换掉?

 战胜自我

独立成长也许就是从一次独立的购物开始的。如何买到适合自己的物品?买到的商品有质量问题该如何处理?解决这些问题的过程不但可以锻炼我们独立思考和解决问题的能力,还可以帮助我们建立良好的人际关系,并学会尊重他人、理解他人。

赢在口才 好口才从这里开始

常见的沟通难题一：购物时，如何清楚地描述自己想要购买的商品。

不恰当的表达

 小朋友，你想买什么？不知道我能不能帮到你？

我想买习题册。

 我们这里有很多习题册，请问要买哪种呢？

数学习题册。

思维引导：如果在买东西时表达不清楚，售货员就没办法帮你准确地选到适合的商品。

正确表达

 小朋友，你想买什么？不知道我能不能帮到你。

阿姨，您好，请问有适合五年级学生做的数学习题册吗？

 有，这几本都不错，你可以看看。

思维引导：在买东西时，我们要尽量准确地描述自己想购买的商品。

应对技巧：购物时，表述要清晰。

买东西时要尽量准确地描述自己想购买的商品，要说清楚需求，这样才能在售货员的帮助下进行挑选和比较，最终选出适合自己的商品。

常见的沟通难题二：因为商品质量出现问题想退换时，应该如何准确表达。

不恰当的表达

小朋友，有什么事情吗？

这是什么破东西，你们就是一帮骗子！

我们怎么可能把坏东西故意卖给你？

你们还想要赖不承认，赶紧给我退了！

思维引导：冲动、人身攻击是解决不了问题的。

正确表达

小朋友，有什么事情吗？

您好，我今天在店里购买的学习机无法开机。这是我的购物小票，可以帮我换一个吗？

可以。

思维引导：退换商品时，态度不要太强硬，要做一个有素质的顾客。

应对技巧：要条理清晰地表达自己的意愿。

退换商品时，不要冲动、蛮横无礼，可以温和友好、条理清晰地表达自己的意愿，并提出合理的解决方法。

如何与爷爷奶奶沟通

宁宁直接拒绝奶奶的好意,让奶奶很伤心。

宁宁直截了当的说话方式让爷爷觉得很没面子。

宁宁很爱爷爷奶奶,可是随着年龄的增长,宁宁总是觉得和爷爷奶奶没有太多的共同语言,彼此的观念和想法也出现了分歧。宁宁不知道该怎么表达不一致的观念和想法才不会让爷爷奶奶伤心难过。

战胜自我

和祖父母等长辈相处时,不要伤害老人的自我价值感,虽然他们年龄大了,但是同样希望能体现自己的价值,如果我们总是否定,老人的内心会很挫败。在和爷爷奶奶相处的过程中,我们可以先说"是""好""可以",然后再进一步表达自己的意见。

赢在口才 好口才从这里开始

常见的沟通难题一：怎样拒绝才不会让长辈伤心难过。

✗ 不恰当的表达

 这件衣服很暖和，大小也正合适！

奶奶，这衣服也太土气了，只有您才会认为好看！

 看来是我年龄太大了，眼光不行了。

的确是眼光不太好……

思维引导：生硬、嘲讽的拒绝方式会让奶奶伤心的。

✓ 正确表达

 这件衣服很暖和，大小也正合适！

谢谢奶奶，我非常喜欢这件衣服，天冷的时候我再穿！

 好，记得冷的时候要穿哪！

思维引导：不管是否喜欢这件衣服，都要先表达自己的感谢之情，不要伤长辈的心。

应对技巧：不要直接拒绝长辈。

先对长辈的关心表达感谢，再以"缓兵之计"应对，事情过去了，对方可能就忘了。

常见的沟通难题二：如何表达自己的建议，才能让老年人更容易接受。

不恰当的表达

我今天买了好东西，既便宜，质量又好！

爷爷，您买的东西我可不敢吃，肯定是三无产品！

这可是我精挑细选的！

您能买到什么好东西？

思维引导：不要直接否定长辈的做法，这样会让他们觉得没面子。

正确表达

我今天买了好东西，既便宜，质量又好！

爷爷，您看这包装盒上连生产日期都没标注，肯定不是正规厂家生产的，这对健康是有害的。

哎呀，还真是没有生产日期，以后买东西真得好好看看！

思维引导：不要急着否定长辈，先解释清楚缘由，让自己的劝阻变得有理有据。

应对技巧：劝阻长辈时要讲究策略。

长辈有错误时，要始终保持尊敬的态度，劝阻或提建议时，语气要温和，不要急着否定对方，要讲究策略，可以先解释清楚缘由，让自己的劝阻变得有理有据，让长辈感受到爱与尊重。

和爸爸妈妈意见不一致时，要合理表达

爸爸妈妈对自己的期望值过高，亮亮不知道该如何表达。

亮亮不同意去补习班，可又不知道如何与妈妈沟通。

除了学习，亮亮觉得好像和爸爸妈妈没有别的话题了。爸爸妈妈对亮亮的期望值太高了，导致亮亮的压力特别大。亮亮该怎样和爸爸妈妈表达自己的烦恼呢？

战胜自我

尊敬父母就要发自内心地敬爱父母，尊重父母的意见。父母给的合理意见，我们要认真听取和考虑，当我们与父母的意见不一致时，就需要和父母进行有效的沟通。

 好口才从这里开始

常见的沟通难题一:面对爸爸妈妈的过高期望,应该如何表达。

 这次考试能得多少分?有把握得满分吗?

烦死了,别来打扰我!我现在不想说话!

 你这是什么态度?

别来烦我!

思维引导:用不礼貌的方式向爸爸妈妈表达自己的压力是不对的。

 这次考试能得多少分?有把握得满分吗?

爸爸,您的期望让我感觉压力很大。我知道您很关心我的学习,我会努力的!

 好孩子,知道努力就好!

思维引导:先理解爸爸妈妈的良苦用心,再提出自己的想法。

应对技巧:向爸爸妈妈客观地描述遇到的困境及想法。

不赞同爸爸妈妈的观点时,我们可以客观地描述自己遇到的困难及真实感受,同时表达对爸爸妈妈的感激之情。

常见的沟通难题二：不同意爸爸妈妈的提议时要如何表达。

 亮亮，妈妈给你报了暑假补习班。

我才不要去，假期也不让我休息休息。

 就知道休息，你看人家军军是怎么学习的？

那你让军军给你当孩子吧！

思维引导：直接否认爸爸妈妈的提议是不礼貌的，同时也会激化双方的矛盾。

 亮亮，妈妈给你报了暑假补习班。

我确实应该利用假期，针对自己的薄弱学科进行学习，不过，我觉得我自己在家里进行整理和反思的效果可能会更好一些。

 好的，妈妈尊重你的想法。

思维引导：认真考虑爸爸妈妈的提议，然后真诚地提出自己的想法。

应对技巧：尊重爸爸妈妈，合理地提出自己的想法。

当和爸爸妈妈的意见不一致时，一定要让爸爸妈妈知道你已经认真考虑过他们的建议，然后真诚地提出自己的不同想法。

产生矛盾后，如何向爸爸妈妈承认错误

妈妈让童童关掉电视，童童顶撞了妈妈。

顶撞妈妈后，童童不愿意承认错误。　　童童不知道自己究竟哪里错了。

童童认为自己只不过是顶撞了妈妈两句，爸爸就小题大做，让她去给妈妈道歉，妈妈应该不会那么小气吧！这样的小事为什么要道歉呢？

战胜自我

任何人际关系都需要以真诚友善为基础，亲子关系也是如此。承认错误或道歉可能只是一句口头上的话，却能够在关键时刻温暖人心。

 好口才从这里开始

常见的沟通难题一：犯了错，却不愿向爸爸妈妈承认错误。

 不恰当的表达

 童童，你做得对吗？你知道错了吗？

我没错，我不知道我哪里错了！

 妈妈也是为你好，你不应该顶撞妈妈！

可是妈妈总是不停地唠叨。

思维引导：不愿意承认错误，对爸爸妈妈不礼貌。

 正确表达

 童童，你做得对吗？你知道错了吗？

是我做得不对，我知道错了！对不起，妈妈！

 妈妈说话的态度也不对，以后也会注意。

思维引导：向爸爸妈妈承认错误时，一定要态度诚恳，要让爸爸妈妈感受到自己的诚意。

应对技巧：要敢于承认错误。

在生活中，我们都会犯错。犯错并不可怕，重要的是我们如何面对和解决它。当我们犯错时，应该勇敢地承认自己的错误，并积极地寻求解决的方案。

常见的沟通难题二：承认错误时不知道如何表达。

不恰当的表达

 童童，你说说妈妈为什么生气？

我只要看电视妈妈就不高兴！

 你误会妈妈了！

只要我快乐妈妈就不高兴！

思维引导：不理解爸爸妈妈，没有意识到自己的错误。

正确表达

 童童，你说说妈妈为什么生气？

妈妈都是为了我好才提醒我写作业的。我不应该对妈妈说话不礼貌，放学后也应该按时完成作业。

 你能理解妈妈的良苦用心就好。

思维引导：要学会理解和感恩爸爸妈妈，诚恳地表达歉意。

应对技巧：能够理解和感恩爸爸妈妈。

跟爸爸妈妈承认错误时，要表达对他们良苦用心的理解，表明已经深刻地认识到了自己的问题，这样更容易得到爸爸妈妈的谅解。

遇到不开心的事，该怎么向爸爸妈妈说

丽丽在学校遇到了不开心的事情，她想通过不上学的方式来逃避。

丽丽又气愤又委屈，但她不知道该如何对妈妈说。

丽丽感到很委屈，决定把在学校发生的事情说给爸爸妈妈听，可是她又气愤又难过，不知道怎样表达才能让爸爸妈妈了解自己内心的感受。

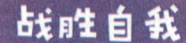 

战胜自我

每个人都有受委屈、被冷落、不愉快、心情不好的时候，学会表达自己的负面情绪十分重要。无论在学校发生了什么事情，开心的、不开心的，都可以和爸爸妈妈分享，我们要相信爸爸妈妈，知道爸爸妈妈永远是我们最坚强的后盾。

 好口才从这里开始

赢在口才

常见的沟通难题一：遇到不开心的事情时，无法有效调节情绪，不能清晰地讲述。

不恰当的表达

 丽丽，发生了什么事情，你能和妈妈说一说吗？

我……反正我不想去学校了，我再也不想见到晶晶了！

 为什么不想见到晶晶了，究竟发生了什么事情？

思维引导：带着情绪，无法清晰、有条理地讲述事情的经过。

正确表达

 丽丽，发生了什么事情，你能和妈妈说一说吗？

我认为不写作业成绩就不会提高，晶晶总是不交作业，我就告诉了老师，晶晶误会我故意向老师打小报告。

 你应该找个机会好好和晶晶解释一下。

思维引导：平复自己的情绪，清晰、有条理地讲述事件的经过。

应对技巧：理智、清晰、有条理地表述很重要。

清晰、有条理的表达可以帮助爸爸妈妈迅速了解你的观点，让爸爸妈妈更快地抓住事情的重点，从而更好地帮助你解决问题。

常见的沟通难题二：不能准确地表达内心的真实想法，不知道如何表达负面情绪。

 把你的想法和感受说出来，妈妈很愿意听你说一说。

我再也不理晶晶了，我讨厌晶晶，我讨厌所有人！

 冲动、不理智是没用的，只会让你更难过。

可是我不知道该怎么描述我的感受。

思维引导：提高情绪的控制能力，选择合理的宣泄方式。

 把你的想法和感受说出来，妈妈很愿意听你说一说。

晶晶误会我，我真的很委屈。

 妈妈理解你此时的心情。

思维引导：用语言表达自己的不良情绪，从而得到帮助。

应对技巧：勇敢表达内心的真实想法。

和爸爸妈妈沟通时，要告诉他们你内心的真实想法。用准确的词语来表达你的感受，这样能够让爸爸妈妈了解你的态度，从而给你提供一些有效的建议和帮助。

被人欺负了，该怎么跟爸爸妈妈说

球拍被露露抢走了，菲菲很难过，却不敢和妈妈说。

菲菲被欺负了却不会表达，露露反而成了有理的一方。

露露抢走了菲菲的球拍，菲菲很难过。面对妈妈的询问，菲菲竟不知道如何表达，妈妈会支持菲菲吗？

战胜自我

在生活中，如果有些人或环境让你感到不安或者受到威胁，你应该勇敢地拒绝或离开现场，或者向身边的成年人寻求帮助。

 好口才从这里开始

常见的沟通难题一：胆小、内向，被欺负后不敢表达出来。

不恰当的表达

 发生了什么事情？

没有什么事情发生，我们只是在一起玩呢！

 可是为什么你看起来很难过的样子？

没……没有不开心！

思维引导：要相信爸爸妈妈，不要做沉默的受害者。

正确表达

 发生了什么事情？

妈妈，露露她们动手打了我，我现在需要你的保护！

 妈妈会帮助你解决问题的！

思维引导：面对欺凌要勇敢地说出来，要相信一切问题都是可以解决的。

应对技巧：相互信任和及时沟通非常重要。

家庭中的相互信任和及时沟通非常重要。如果孩子鼓起勇气把被人欺负的事情告诉了爸爸妈妈，那么爸爸妈妈必须采取行动，如调查孩子被欺负的原因、拜访老师等，不能让孩子再受委屈，必须让孩子相信：凡事都能解决。

常见的沟通难题二：被人欺负了不知道如何表达，自己有理却处于被动地位。

不恰当的表达

发生了什么事情？

妈妈，您帮我把球拍抢回来！

阿姨，菲菲太小气了，不愿意和我们一起玩！

你瞎说，才不是这样呢！

思维引导：和他人发生争吵或被欺负了，不知道如何表达，反被对方告状。

正确表达

发生了什么事情？

妈妈，露露没有经过我的同意就把我的羽毛球拍拿走了，我不让她拿走，她就动手打我！

露露抢你的球拍是不对的，动手打人更不对！

思维引导：把事情的来龙去脉讲清楚，客观描述事情经过，表明自己的态度。

应对技巧：要多为孩子创造表达交流的机会。

有时候孩子被欺负不是不敢说，而是不会说。在生活中，很多孩子在家根本不需要表达，天冷有人加衣，到时间有人端饭，被安排得妥妥帖帖。家长几乎没给孩子锻炼表达能力的机会，所以家长平时要多给孩子创造表达交流的机会。

如何向爸爸妈妈表达自己的关心

佳佳担心爸爸的身体累坏了,可又不知道如何表达。

爸爸最近工作很忙,每天佳佳还没醒,爸爸就出门上班去了。佳佳很担心爸爸的身体,想劝他多休息,可又不知道如何劝说爸爸注意自己的身体。

战胜自我

家庭成员之间应该相互关心和支持,我们要学会关心爸爸妈妈,用语言和行动恰当地表达自己对他们的关心。

 好口才从这里开始

常见的沟通难题：不会恰当地表达自己对他人的关心之情。

 不恰当的表达

 爸爸，您能不能不要一回到家就开始忙工作，家里不是单位！

 你这孩子，怎么这么不理解我……

 我不也是为你好吗？

思维引导：对他人表达关心的时候要注意自己的语气和态度，不要太生硬，否则不仅达不到劝说的效果，反而会适得其反。

 正确表达

 爸爸，您最近总是工作到很晚，太辛苦了，我很担心您的身体。

 谢谢宝贝的关心，爸爸一定会注意的。

 爸爸，身体健康最重要哟！

思维引导：语言要表现出对他人的关心，通过情感打动对方。

应对技巧：劝说时要以情动人。

表达关心时，尊重对方是前提，表达时要用词准确、语气诚挚温和，真情流露才能让对方感受到自己的关心之情。

如何对爸爸妈妈提出自己的家庭建议

妈妈总是在强强面前贬低爸爸，强强很难过，他决定给妈妈提些建议。

妈妈总是说爸爸的各种不好，不认同爸爸。强强认为爸爸也有很多优点，只是这些优点常常被妈妈忽略。强强决定向妈妈提建议，他希望妈妈不要总是看到爸爸的缺点。可是要怎样表达妈妈才会心平气和地接受他的建议呢？

战胜自我

家庭成员之间要相互尊重，美好和谐的家庭氛围需要家庭成员的共同努力和付出。只有建立良好的沟通、互相尊重，家庭才能充满爱和温暖。

 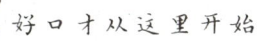

常见的沟通难题一：担心自己的家庭建议被无视。

 你爸爸是懒惰不负责的人，你以后不要像他一样！

可是……

 可是什么？

哦，没什么！

思维引导：提出建议时不够自信，根本不能引起妈妈的重视。

 你爸爸是懒惰不负责的人，你以后不要像他一样！

妈妈，我能给您提些建议吗？咱俩聊一聊可以吗？

思维引导：引起爸爸妈妈的重视是建议被接受的前提。

应对技巧：和谐的家庭氛围需要良好的沟通做基础。

民主的家庭氛围对于发展孩子的良好社交能力十分重要。在和谐民主的家庭氛围里，以良好的沟通做基础，培养孩子倾听、表达、协商和解决问题等能力。

常见的沟通难题二：不知道如何提建议爸爸妈妈才会接受并做出改变。

 你爸爸是懒惰不负责的人，你以后不要像他一样！

妈妈，您不许这么说爸爸，我讨厌您！

 讨厌我？那你以后什么事都别找我，找你爸爸去吧！

思维引导：提建议不是粗暴的指责，不能用不礼貌的方式向妈妈提建议。

 你爸爸是懒惰不负责的人，你以后不要像他一样！

妈妈，我能给您提个建议吗？大家都说好孩子是夸出来的，我认为好爸爸也一定是表扬出来的，以后您可以多夸奖爸爸吗？我相信您的称赞会让爸爸充满信心，更愿意投入到家务劳动和家庭生活中的！

 哈哈……倒是可以试一试！

思维引导：提建议时要表达充分的理由。

应对技巧：提出建议时要说明理由。

　　正式的开场白会引起爸爸妈妈的重视，提出建议时，要准备好充足的理由，以确保爸爸妈妈能够轻松愉快地接受。

总是被爸爸妈妈误会，要怎么解释呢

乐乐正在学习，却被妈妈误会在玩游戏，乐乐很委屈，却不知道该如何表达。

乐乐不知道如何表达才能消除误会。

乐乐不知道为什么爸爸妈妈总是怀疑他、不信任他。这让乐乐很难过，乐乐该如何表达才能让爸爸妈妈相信他呢？

战胜自我

在我们的成长过程中，难免会被爸爸妈妈误会。我们可以有一些小情绪，但也要认识到，爸爸妈妈也会犯错误，不管怎样，他们都是为了我们好，我们可以尝试主动和爸爸妈妈沟通，解除误会。

 好口才从这里开始

常见的沟通难题一：被爸爸妈妈误会时，会冲动地顶撞他们。

不恰当的表达

 乐乐，你是不是又在偷偷玩游戏呢？

我没有，你冤枉我，我再也不理你了！

 做得不对还不让说了？

我就是没玩。

思维引导：被误会时，控制不住自己的情绪，冲动地顶撞妈妈。

 正确表达

 乐乐，你是不是又在偷偷玩游戏呢？

妈妈，您看，我正在用电脑查阅资料呢！妈妈，我知道您是为了我好，可是您的怀疑会让我委屈难过的。

 妈妈从没想过你的感受，妈妈的确不应该总是怀疑你。

思维引导：积极地和爸爸妈妈进行正向沟通。

应对技巧：被误会时要控制好情绪。

被爸爸妈妈误会时，不要冲动，要控制好情绪，心平气和地和他们进行交流。

常见的沟通难题二：被误会时无法完整清晰地解释清楚事情的真相。

 乐乐，你是不是又在偷偷玩游戏呢？

我没有，我就是没玩游戏！您凭什么说我玩游戏了？

 那你干什么呢？

我……我查东西呢！

思维引导：被误会时，不会完整清晰地把事情解释清楚。

 乐乐，你是不是又在偷偷玩游戏呢？

妈妈，我正在用电脑查阅资料呢，这是科学老师布置的学习任务，您如果不信，可以向老师证实一下。

 好的，妈妈相信你。

思维引导：心平气和地和爸爸妈妈沟通交流，一定可以得到他们的信任。

应对技巧：互相信任与理解。

被误会时不要着急，要把事情的经过讲清楚，可以让爸爸妈妈向老师或同学求证。同时为了减少爸爸妈妈的担忧，可以向他们做出保证，理解他们的良苦用心。

没有履行承诺，该如何表达自己的歉意呢

出门前，东东和妈妈约定好回家的时间。

东东没有履行自己的承诺，他应该向妈妈说些什么呢？

东东承诺妈妈出去玩一个小时就会回家，可是他玩得太开心了，忘记了对妈妈的承诺，很晚才回来。东东很愧疚，他该怎么表达，才会让妈妈原谅他呢？

战胜自我

守信用的孩子更容易赢得他人的信任和友谊，同时也有助于建立稳定的人际关系。在生活中，如果我们常常违背承诺，就会成长为言而无信的人，身边的同学、朋友就会远离我们，所以我们要养成信守诺言的好习惯。

赢在口才 好口才从这里开始

常见的沟通难题一：没有履行承诺，不知道该如何表达自己的歉意。

 不恰当的表达

 怎么这么晚回来，你不是说只玩一个小时吗？

不就是晚回来一会儿吗？没什么大不了的吧！

 你这是什么态度？

本来就是您小题大做。

思维引导：没有兑现承诺，还一副不以为意的样子，这样只会让妈妈更加生气。

 正确表达

 怎么这么晚回来，你不是说只玩一个小时吗？

妈妈，对不起，我错了，我不应该不守信用！

 好吧，妈妈相信你下次一定说到做到。

思维引导：真诚道歉，并积极反思自己的错误。

应对技巧：道歉要诚恳。

道歉的时候态度要诚恳，并积极地进行自我反思，说清楚自己错在哪里，这样爸爸妈妈才能知道我们是真的意识到自己的错误了。

常见的沟通难题二：失信后如何补救才能再得到他人的信任。

答应的事做不到，以后写完作业之前别想出去玩了！

为什么不行？一点儿小事就小题大做，你们太不讲道理了！

你做错了，还说我们不讲道理！

思维引导：不但不反思自己的错误，还用不礼貌的方式对爸爸妈妈说话。

答应的事做不到，以后写完作业之前别想出去玩了！

对不起妈妈，您别生气了，我保证下次一定说到做到，我今晚一定认认真真完成作业！

好吧，看你的行动！

思维引导：道歉不能只停留在口头上，要用积极的行动重新获得家人的信任。

应对技巧：做出承诺，不再失信。
　　诚恳的认错态度和积极的行动能帮我们挽回爸爸妈妈的信任。

学习上遇到困难时，要如何向爸爸妈妈求助呢

最近，童童的作业总是出现很多错误。

童童觉得学习压力很大，却又不敢说出来。

为什么最近一做题就出错呢？童童很着急，可是越急学习效果越差，童童觉得压力很大，她不敢向爸爸妈妈求助，怕爸爸妈妈误会自己上课不认真听讲。

战胜自我

在我们成长的过程中，无论是学习还是生活，总会遇到一些困难和挫折，产生压力是很正常的事情。这个时候只要我们积极调整心态，勇敢面对困难，相信我们一定会把压力变为动力。

 好口才从这里开始

常见的沟通难题：在学习上遇到困难时，不敢向爸爸妈妈倾诉。

不恰当的表达

 童童，你最近是不是上课没有注意听讲啊？

我听课很认真，你们为什么总是不相信我！

 那你的作业为什么会出现这么多错误？

我……我也不知道。

思维引导：不及时向爸爸妈妈倾诉自己遇到的困难，反而会引起他们的误会。

 **正确表达**

 童童，你最近是不是上课没有注意听讲啊？

妈妈，我最近在学习上的确遇到了一些困难。

 说出来，妈妈也许能帮到你！

思维引导：不管是在学习上，还是在生活中，遇到困难一定要告诉爸爸妈妈，他们会帮你一起找到解决的办法。

应对技巧：有困难要及时说出来。

有困难一定要及时说出来，这样可以减少爸爸妈妈的误会，没有什么问题是解决不了的，而且你一定要相信自己的爸爸妈妈。